LES
FAUTES COMMISES

ET

LEURS CONSÉQUENCES

PAR

Le Marquis de BIENCOURT

———

Octobre 1871

LES
FAUTES COMMISES

ET

LEURS CONSÉQUENCES

Lorsqu'il y a si peu de temps, M. Rouher répondait avec arrogance : « Il n'y a pas une faute de commise, » au grand orateur qui, au nom de la France qui commençait seulement à ouvrir les yeux, disait : « Il n'y a plus une faute à commettre, » nous pensons que cet homme d'État, qui consacrait, hélas! son grand talent à la défense du funeste gouvernement personnel, ne se faisait, lui, aucune illusion.

Les fautes accumulées ont leur enchaînement

et leurs conséquences. L'empire conduisait fatalement la France à une catastrophe, autant par sa politique intérieure et ses expédients financiers que par sa politique extérieure. La guerre d'Italie, la politique des grandes agglomérations et des nationalités faisaient la Prusse grande et forte et lui permettaient, après l'injuste guerre du Danemark, d'écraser l'Autriche à Sadowa, pendant que nous nous épuisions au Mexique et que nous ne pouvions intervenir utilement sur le Rhin. Nos finances, obérées par les guerres de Crimée, d'Italie, du Mexique, ne nous permettaient pas de modifier complétement notre armement, de mettre nos places fortes en état de défense. La caisse de l'exonération militaire, dont les millions servirent à combler les déficits de cette coupable guerre du Mexique, était cause de l'appauvrissement de nos effectifs, et lorsque l'affaiblissement de son gouvernement personnel, bien plus que la question du trône d'Espagne, força l'empire à déclarer la guerre à la Prusse, nous entrions en campagne avec une artillerie notoirement inférieure et nous n'avions à opposer que 280,000 hommes au million de soldats que l'ennemi mobilisait en quelques semaines.

Nous étions vaincus d'avance. L'héroïsme déployé à Freschwiller, à Metz, à Sedan ne servit qu'à honorer la défaite de l'armée. Après les premiers revers, l'empereur, qui avait joué dans cette suprême partie la fortune et l'honneur de la France, comprit que son aventure était finie ; n'osant pas rentrer à Paris, dont il redoutait justement l'accueil, dépouillé, par le fait, du commandement militaire, il languit de Metz à Châlons et à Sedan, n'étant partout, avec son état-major, qu'un obstacle, un empêchement et un embarras, jusqu'au jour où il fut forcé de rendre au vainqueur son inutile épée, en faisant, hélas ! déposer les armes à plus de 80,000 Français. Jamais pareil désastre ne s'était vu dans notre histoire, même dans les batailles de Poitiers, de Pavie et de Waterloo.

L'empire seul est responsable de ce désastre. Qu'il emporte donc avec lui l'éternelle malédiction de la France !

Même avant cette fatale journée de Sedan, l'empire chancelait sur sa base ; les départements étaient consternés, Paris était frémissant. Le Sénat et le Corps législatif devaient prononcer la déchéance, saisir le pouvoir et aviser ; mais ces deux corps ne firent rien, n'osèrent rien ; ils disparurent sans résistance devant une émotion, on ne peut même pas dire une émeute. Qu'allait-on faire ? Qu'allait-on tenter ? Quelques hommes s'étaient emparés du pouvoir et s'étaient hâtés, on ne sait pourquoi ni comment, de proclamer la République. Ils devaient n'avoir d'autre pensée que celle de convoquer immédiatement une Assemblée qui, elle alors, aurait ou conclu la paix ou continué la guerre. Seule, une Assemblée nationale pouvait prendre l'une ou l'autre de ces responsabilités. Mais les députés de Paris, qui s'étaient emparés du pouvoir, qui avaient proclamé

une République de surprise, qui s'étaient distribué les ministères et qui avaient distribué à
leur clique les mairies et les préfectures, com-
prirent que leur rôle finissait le jour où une
Assemblée nationale serait réunie, et, malgré les
périls de la patrie, ils préférèrent garder le
pouvoir et assumer toutes les responsabilités. Ils
firent passer le besoin de leur cause, l'intérêt de
leur parti, leurs passions politiques avant le salut
de la France, et pendant les jours qui suivirent
cette surprise du 4 septembre, Paris fut, sous
leurs yeux, on peut dire avec leur complicité, le
théâtre de la plus dégoûtante orgie.

La fortune de la France sombrait sous le
poids des fautes de l'empire. Si le Sénat n'avait
pas été le produit de la faveur et de la platitude,
si le Corps législatif et les Conseils généraux
avaient été réellement l'expression du pays au
lieu d'être uniquement le fruit de la candidature
officielle, ils n'auraient pas laissé tomber le
pouvoir dans le ruisseau, ils s'en seraient saisis

d'une façon quelconque et l'auraient remis à l'Assemblée dont ils auraient exigé la convocation. Les fautes passées eurent là une terrible conséquence.

Les honnêtes gens de tous les partis, en présence de l'ennemi, eurent le tort, tort bien excusable, de faire abnégation de toutes leurs défiances contre ces hommes du 4 septembre. Cette patriotique abnégation fit croire à ces hommes que tout leur était permis et que leur joug honteux était accepté comme une délivrance par le pays tout entier. Hélas ! nous comprenions les fautes, nous sentions le rouge nous monter au front en voyant en quelles mains indignes étaient tombées les destinées de la France ; mais vis-à-vis l'ennemi qui investissait Paris, vis-à-vis aussi la queue du parti démagogique qui ne cherchait qu'à envahir à son tour les salles de l'Hôtel-de-Ville, nous crûmes que nous devions nous taire et soutenir quand même, comme nous le fîmes le 31 octobre et par notre vote, le 3 novembre, le gouvernement qui avait usurpé le pouvoir sous le nom de Gouvernement de Défense nationale. Que faisait ce gouvernement ? Au lieu de se préparer vigoureusement à la lutte la plus énergique, il laissait Paris se soûler, il faisait effacer et gratter, sur tous nos monuments, les N et les aigles et se hâtait de les remplacer par l'inscription *République française démocratique, une et indivisible,* ce qui était bien long..... Il eût mieux fait de construire une grande redoute à Châtillon. Pendant des mois, Paris investi ne fut pour ainsi dire pas gouverné. Ce fut le règne des phrases pompeuses et des mensonges. La défense de Paris ne fut qu'un trompe l'œil décoré du nom « d'héroïque défense de la grande cité. » Ils juraient tous de mourir et de ne pas capituler. Ils ne sont morts aucun et ils ont capitulé. Paris ne devait être qu'un détail dans la lutte du pays tout entier ; il devait résister, faire le plus de mal possible à l'ennemi et retenir autour de son enceinte et devant ses forts la plus grande partie de ses armées. Ce rôle a-t-il été rempli? La province a le droit de dire que non. Nos gouvernants incapables ont trompé la province avec Paris, comme ils ont trompé Paris avec la province. Ils avaient envoyé en ballon le plus jeune, le plus remuant, le plus énergique peut-être d'entre eux, avec tous les pouvoirs pour exercer la dictature au nom de la liberté et pour achever de désorganiser la France. Ce Carnot improvisé ne sut que monter la parodie de 93. Il ne rencontra de résistance nulle part ; ses décrets levèrent autant d'hommes qu'il en fallait pour vaincre ; mais, malgré sa turbulente ardeur, malgré les trésors de la France gaspillés sans contrôle, il ne sut ni armer, ni équiper, ni organiser les masses, dont quelques régiments seulement purent rappeler à la France ce qu'était sa vaillante armée, et l'ennemi put envahir successivement l'Est, une partie du Nord, du Centre et de l'Ouest. Ces levées en masse, cette bonne volonté générale, ces combats livrés par des conscrits, prouvent ce qu'aurait pu faire une Assemblée nationale organisant la guerre nationale. Qu'ils portent éternellement la responsabilité de nos désastres, ces hommes du 4 septembre, pour n'avoir pas voulu, par esprit de parti, convoquer l'Assemblée qui, seule, pouvait conclure la paix, alors que cette paix était possible, ou entraîner le pays dans la guerre à outrance !

Cette dictature de M. Gambetta avec les satellites qu'il s'était donnés, avec les scandaleux marchés qu'il a laissés conclure , n'est qu'une honte de plus au milieu du désastre général.

Quelques conseils généraux voulurent se réunir et organiser la résistance. Le dictateur se hâta de les dissoudre tous. Ce soi-disant républicain ne comprenait que la dictature. Quelques citoyens protestèrent noblement et ce fut tout. Le pays tout-entier sans assemblée, sans ses conseils généraux, sans ses municipalités nommées par lui, fut livré aux caprices de la dictature la plus inouïe.

La conséquence de tant de fautes était, hélas ! prévue depuis longtemps. Le jour arriva où Paris fut forcé de se rendre et où la France épuisée accepta l'armistice et demanda la paix. Honte à ces hommes qui n'ont su que creuser le gouffre dans lequel l'empire nous avait précipités. Il fallut bien alors qu'ils convoquassent une Assemblée; ils n'avaient aucune qualité pour traiter, au nom du pays qu'ils ne représentaient pas, avec le vainqueur. Cette Assemblée qui, réunie cinq mois plus tôt, aurait pu sauver la patrie, il fallait alors la nommer dans les circonstances les plus difficiles et pour la mission la plus douloureuse. Le dictateur essaya bien, comme dernier tableau de son drame, de procéder par voie d'exclusion et de dicter ses ordres au suffrage universel ; mais ce fut le *seul* de ses décrets que ses confrères n'osèrent pas ratifier.

L'Assemblée nationale se réunit donc à Bor-

deaux le 18 février. Son premier acte devait être
la mise en accusation ou tout au moins la réprobation la plus énergique contre ces hommes du
4 septembre, dont toutes les fautes, pour ne pas
dire plus, témoignaient contre eux. L'Assemblée,
par magnanimité, ne voulut pas prononcer cette
réprobation nationale : elle crut peut-être que
ces hommes étaient assez écrasés sous le poids
de leurs actes ; elle se trompait, et sa générosité
ou sa faiblesse fut la première faute commise.

Quant à la paix , il n'y avait pas d'illusions à
se faire. Nous étions à la discrétion du vainqueur;
nous n'avions rien à lui opposer pour résister à
ses prétentions; il pouvait nous demander la
moitié de notre territoire et notre fortune tout
entière; il ne fallait donc pas charger de discu-
ter avec lui l'un de ces hommes du 4 septembre,
et justement celui qui, dans un magnifique lan-
gage , il est vrai, avait écrit la phrase la plus in-
sensée. La France, vaincue dans une guerre dont
elle n'était pas responsable, ayant acclamé la dé-

chéance de celui auquel, seul, l'Allemagne avait solennellement déclaré qu'elle faisait la guerre, la France devait courber la tête sous sa défaite et s'en remettre à l'Europe entière quant aux conditions d'une paix qui ne pouvait être que cruellement onéreuse. C'était à l'Europe à décider quelle était la limite du droit de la force. Elle seule pouvait le faire ; elle seule pouvait prendre la responsabilité de ces annexions de troupeaux humains et du chiffre de la rançon à payer au vainqueur. L'Assemblée devait s'engager d'avance, au nom de la France, qu'elle représentait, à accepter les conditions que l'Europe déclarerait justes. Il y avait même une certaine grandeur dans cet abandon; l'Europe devenait en quelque sorte solidaire de notre ruine, tandis que nous nous demandons encore aujourd'hui ce qu'a pu être cette discussion entre le négociateur français et le nouveau Brennus jetant son canon d'acier dans le plateau de la balance. Le prince de Bismark aura-t-il demandé Rouen et

Cherbourg pour avoir Metz, et dix milliards pour en avoir cinq? Et aura-t-il feint de céder de ses prétentions devant les larmes de MM. Thiers et J. Favre? Oui, ce fut une faute que cette discussion en tête-à-tête du vaincu avec le vainqueur. Il nous en a coûté peut-être quelques milliards et quelques villes françaises de plus.

L'Assemblée a eu la sagesse de ne pas céder aux sollicitations de ceux qui voulaient lui faire proclamer la République sur les marches du théâtre de Bordeaux. Mais pourquoi a-t-elle nommé, même à titre provisoire, M. Thiers chef du pouvoir exécutif de la *République française?* Elle ne devait pas reconnaître ce nom de République, qui n'avait d'autre baptême que la surprise du 4 septembre et l'inscription hâtive et intempestive sur les murs de nos monuments publics.

L'Assemblée, bien réellement constituante, quoique l'on ait cherché par tous les moyens à lui contester ce mandat, était souveraine : elle

avait le droit d'établir la forme du gouvernement.
Elle pouvait aussi bien se prononcer pour la
forme républicaine que pour la forme monar-
chique ; mais cela, elle ne pouvait et ne devait le
faire qu'après la discussion la plus sérieuse et la
plus consciencieuse. Or, tant qu'elle ne mettait
pas cette discussion à son ordre du jour, nous
ne pouvions être que sous un provisoire *innommé*.
Elle devait donc élire une commission exécutive,
laquelle commission exécutive aurait choisi un
ministère dans les rangs de la majorité de l'Assemblée. Elle devait alors décréter l'élection im-
médiate des conseils municipaux et des conseils
généraux et pourvoir à se compléter, car, par
suite des multiples élections, un grand nombre
de siéges étaient vacants. Ce fut une grande
faute, nous nous permettons de le dire respec-
tueusement à l'Assemblée nationale, que d'avoir
ajourné indéfiniment ces élections complémen-
taires et celles des conseils généraux. Faites tout
de suite, comme elles auraient dû l'être, elles

augmentaient la force de l'Assemblée devant le pays. L'ajournement indéfini a été au contraire une cause de faiblesse que les factieux ont su bien habilement exploiter. Les conseils généraux et l'Assemblée nationale, nommés sous l'inspiration du même élan patriotique, se fortifiaient mutuellement, et, dans la détresse publique, ce n'était pas trop de tous les concours et de toutes les forces nationales pour le salut commun.

Jamais assemblée n'eut à remplir de plus grande mission. Relever de ses ruines la patrie sanglante et mutilée ; régénérer la France. Quelle tâche immense, mais aussi quel honneur !

A l'œuvre donc, représentants du pays. Tant de révolutions ont épuisé la France ; chaque gouvernement, issu d'une nouvelle révolution, n'a cherché à faire une constitution que pour ses propres besoins du moment. A vous, maintenant, à ne penser qu'à la France. Tout est tombé ; vous n'avez devant vous aucun obstacle ; nous vous avons donné le pouvoir de tout réédifier, de

tout reconstituer; n'écoutez que votre conscience
et votre patriotisme; refaites une France grande
et forte, éprouvée à l'école du malheur et devant
marcher fièrement, par les institutions dont vous
l'aurez dotée, dans les voies du progrès, de la
civilisation et de la liberté.

Tel devait être le noble programme de l'Assemblée nationale réunie à Bordeaux. Ce programme a-t-il été rempli ? L'Assemblée, malheureusement empêchée par le pouvoir exécutif
provisoire qu'elle avait choisi, par le ministère,
dans lequel étaient entrés, on ne peut compren-
dre pourquoi, trois membres du gouvernement
si coupable du 4 septembre, ne sut pas se servir
de sa force immense. La formidable révolution
de la Commune et du drapeau rouge, qui était la
conséquence fatale des fautes commises, toujours
par le Gouvernement de la Défense nationale au
moment de la capitulation de Paris, vint encore
entraver et retarder les travaux de l'Assemblée.
La prolongation du régime provisoire ne fut

qu'une faiblesse de plus. L'Assemblée dut s'épuiser dans des discussions stériles provoquées par la constitution de cet état provisoire. Excepté la loi de décentralisation que la majorité parvint à arracher aux errements de l'opposition systématique, du pouvoir exécutif et de la gauche centralisatrice et autoritaire, toutes les autres grandes lois attendues par le pays : réorganisation de l'armée, enseignement, réforme du suffrage universel furent ajournées. Les mesures financières nécessaires pour combler nos déficits et acquitter notre monstrueuse rançon ne purent même pas être complétement votées par l'Assemblée, étonnée de sa faiblesse, fatiguée de son impuissance et impatiente de repos.

Aujourd'hui, après huit mois, la France inquiète languit sous un provisoire confié aux mains d'un vieillard. Les conseils généraux, trop tardivement élus, vont se réunir. Quelle sera la force ou la faiblesse nouvelle qui sortira de leur première session ? Les attributions des conseils généraux sont considérablement étendues , et nous sommes de ceux qui avons applaudi à cette augmentation de pouvoirs : nous les eussions désiré plus complets encore. Les départements , sans cesser de former la grande unité française , doivent vivre de leur vie propre, doivent savoir s'administrer , doivent avoir leur initiative et doivent se constituer assez solidement dans la vie politique pour être en mesure , non-seulement de contribuer à la force générale , mais aussi de pouvoir, à un moment donné , opposer une inébranlable résistance aux surprises, aux entraînements , aux violences , aux coups d'État de la capitale. A une époque de crise et de transition comme celle que nous traversons, de même que dans des années de calme et de travail fécond, nous voudrions qu'il soit donné aux conseils généraux de choisir le premier administrateur du département, nous voudrions qu'ils aient le pouvoir d'émettre, sur toutes les grandes questions d'où dépendent les destinées du pays, des vœux politiques que tout gouvernement devrait être forcé de prendre en sérieuse considération. Par quel motif de défiance leur a-t-on interdit ces vœux ? Et combien est difficile à fixer la limite où ils leur sont permis. Mais les vœux des conseils généraux doivent être la voix de la nation, et peuvent devenir les nouveaux cahiers du dix-neuvième siècle. Tout gouvernement, désireux de marcher d'accord avec l'expression des aspirations nationales, devrait provoquer ces vœux au lieu de chercher à les étouffer. Les conseils généraux, par la nature de leur formation, par le nombre des élus qui les composent, sont l'interprète naturel et indiqué entre l'universalité des citoyens et le pouvoir exécutif. En les consultant, on est dispensé d'avoir recours à cet expédient souvent dangereux, toujours menteur du plébiscite.

Un certain parti qui, grâce à la faiblesse du provisoire actuel, tente aujourd'hui, malgré l'abîme dans lequel il est tombé en entraînant la

France avec lui, de relever la tête, réclame par tous ses organes un nouveau plébiscite. Il espère sortir triomphant de l'épreuve ; mais il ne demandait pas de plébiscite après Sedan , et il se garderait bien de solliciter les conseils généraux d'émettre un vote sur son compte.

Si, malheureusement , on se laissait entraîner dans cette voie des plébiscites, il faudrait alors, pour être conséquent, en décréter la périodicité et donner le droit de formuler et de poser la question aussi bien au peuple lui-même qu'au pouvoir exécutif. Au nom du salut public, repoussons pour toujours cet expédient malsain. Les conseils généraux, par leur initiative, par leurs vœux, doivent être l'intermédiaire naturel entre le peuple et le pouvoir. Ils doivent être, dans la plus large mesure à certains jours, la force de résistance contre les excès ou les abus du pouvoir et, en même temps, le puissant moteur de la régénération du pays.

Dans plusieurs départements, de vrais citoyens,

justement effrayés par bien des symptômes me-
naçants, ont déjà formé des ligues de l'ordre.
Puisse cet exemple être suivi partout. Ces ligues
de l'ordre deviendront la vraie ligue du bien
public. Leur initiative, que nous sollicitons ar-
demment de tous nos vœux, pourra répandre la
lumière sur la résolution de bien des problèmes
sociaux.

Pour sortir vainqueur de la crise que nous
traversons, il n'y a plus une faute à commettre.
Pour nous relever de nos chutes, il faut le concours de tous.

Inscrivons donc une fois pour toutes sur la
bannière derrière laquelle nous voulons résolû-
ment et patriotiquement marcher, la belle devise,
le noble programme :

Tout pour la France et par la France.

Tours. — Imp. Juliot.

www.ingramcontent.com/pod-product-compliance
Lightning Source LLC
Chambersburg PA
CBHW050806070726
47595CB00015B/2967